Die 12 Anforderungen an ein neues Wertesystem

Entwürfe für die Zukunft – Band 25

Kontakt: www.HarryEilenstein.de
Harry.Eilenstein@web.de
Harry Eilenstein bei youtube

Verlag: BoD · Books on Demand GmbH, Überseering 33, 22297 Hamburg, bod@bod.de
Druck: Libri Plureos GmbH, Friedensallee 273, 22763 Hamburg

ISBN: 978-3-8192-9681-9

Inhaltsübersicht

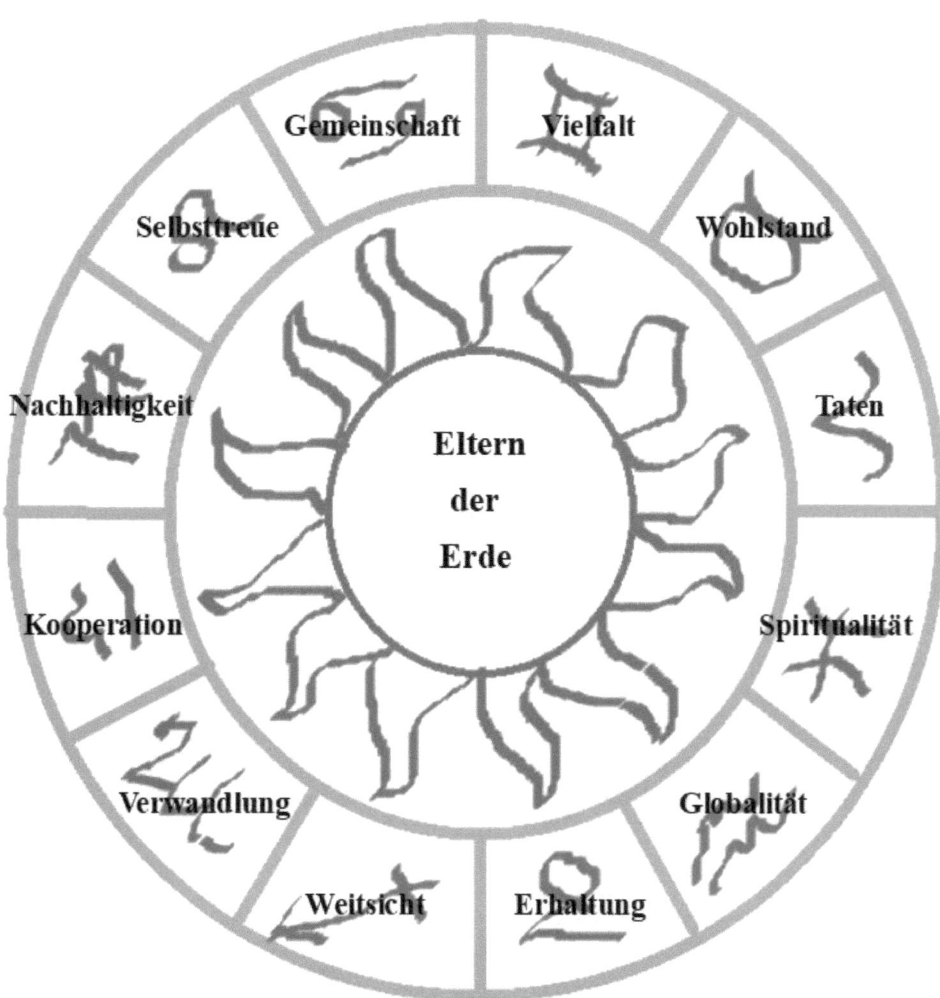

Warum 12?

Alle Bücher dieser Reihe haben genau 12 Kapitel – was sich ja auch in den Titeln dieser Bücher widerspiegelt. Warum?

In diesen Büchern wird der Tierkreis als Matrix von 12 verschiedenen Sichtweisen auf die Welt verwendet, um das Thema des Buches möglichst umfassend in 12 Kapiteln zu betrachten. Dadurch wird eine ausgewogenere, umfassendere und tiefere Einsicht in das jeweilige Thema erlangt als es ohne ein solches Raster, ohne eine solche Matrix möglich wäre.

Der Tierkreis wird in dieser Buch-Reihe als Forschungs-Hilfsmittel benutzt, durch das die Einseitigkeiten in der Betrachtung zumindest vermindert werden können. Weiterhin werden durch dieses Vorgehen diese 12 Sichtweisen auch als Ergänzungen zueinander, als organische Teile eines Ganzen deutlich.

Die Inspiration zu diesem Vorgehen stammt aus Hermann Hesses Roman „Das Glasperlenspiel", für das er 1946 den Literatur-Nobelpreis erhielt. In diesem Roman beschreibt er die öffentlichen Darstellungen von Übersichten und Gesamtbetrachtungen, die mithilfe von verschiedenen allgemeinen Strukturen wie z.B. dem Ba Gua aus dem chinesischen Feng-Shui angefertigt und aufgeführt werden.

Diese Buch-Reihe ist ein Versuch, Hesse's Idee im ganz Kleinen konkret zu verwirklichen.

Die Blickwinkel der 12 Tierkreiszeichen sind:

♈	Widder:	Spontaner
♉	Stier:	Genießer
♊	Zwilling:	Neugieriger
♋	Krebs:	Familienmensch
♌	Löwe:	Egozentriker
♍	Jungfrau:	Handwerker
♎	Waage:	Schöngeist
♏	Skorpion:	Tiefgründiger
♐	Schütze:	Idealist
♑	Steinbock:	Realist
♒	Wassermann:	Theoretiker
♓	Fische:	Träumer

1. Taten

♈

Sehen Sie, wie es um uns steht? Das Weiterleben auf der Erde ist bedroht: Überbevölkerung, Klimawandel, Umweltzerstörung, Artensterben, begrenzte Rohstoffe, Müll, Atombomben, Autokratien, Migration, der drohende Kampf jeder gegen jeden …

Das alles hat vermutlich jeder schon öfter gehört als ihm lieb ist. Doch es ist die Wahrheit, es ist unsere heutige Lage, wenn wir sie ohne den Kopf in den Sand zu stecken betrachten.

Es hat keinen Sinn, das alles im Detail noch einmal aufzuzählen – aber es hat auch keinen Sinn, einfach abzuwarten und zu hoffen, dass sich jemand anderes darum kümmert oder dass schon nichts wirklich Schlimmes passieren wird – zumindest nicht uns selber … Spätestens die Einsicht, dass es auch um die Weise geht, wie wir alle als Spezies auf diesem Planeten weiterleben wollen und können, sollte uns alle zum Handeln bringen.

Das Ziel ist klar: überleben – und am besten auch noch gut leben. Ich will das. Und Sie?

Aber wie gelangen wir dahin?

Wenn ich in der Natur bin, in die Ferne schaue und mich frage, was ich will, dann sehe ich die Erde vor mir – eine Erde mit normalen Jahreszeiten, eine Erde, die nicht überhitzt ist, die nicht viel zu dicht bevölkert ist, auf der noch viele verschiedene Tiere und Pflanzen mit uns leben … Seit ein paar Jahren sind wieder Silberreiher in den Teichen hier in den Feldern und Raben im Wald – das ist solch eine große Bereicherung!

Wenn ich so in die Ferne schaue und mich frage, wie ich auf der Erde leben will, dann will ich eine Menschheit ohne Hunger … Heute sterben täglich 24.000 Menschen an Hunger. Wissen Sie, wie viele das sind? Das sind so viele Menschen wie bei dem Absturz von 65 voll besetzten Jumbo-Jets täglich sterben würden!

Wollen Sie solch eine Welt? Ich nicht.

Wir verhalten uns als Völker – und manchmal auch als Staaten, Unternehmen oder Einzelne – wie Halbstarke, wie Jugendbanden: Wer ist der Stärkste? Wer ist der Lauteste? Wer ist der Aggressivste? Wer hat am meisten zu sagen? Wer hat das größte Reich, die dicksten Raketen, die meisten Soldaten? …

Es wird wirklich Zeit, dass wir erwachsen werden und die Verantwortung für unseren Planeten ergreifen. Wir brauchen ein anderes Verhalten. Wir brauchen mehr Einsicht in die Gesamtzusammenhänge. Wir müssen verstehen, was die Grundlage unseres Lebens und Überlebens hier auf der Erde ist. Und diese Grundlagen müssen wir schützen!

Wir müssen erkennen, was uns wirklich etwas wert ist, wir müssen diese Werte klar erkennen und klar formulieren und genauso klar und entschieden vertreten. Diese Werte müssen wie ein gutes Werkzeug sein, wie ein starker Scheinwerfer, wie ein lauter Weckruf!

Wir werden niemals alle überzeugen, aber wenn wir nicht die meisten überzeugen können, werden wir in ein paar Jahrzehnten vor dem Desaster stehen, dass wir heute noch abwenden können.

Ich bin wirklich kein Schwarzmaler, aber ich will, das meine Kinder und Enkel und Urenkel noch einen Wald kennen, dass sie die Luft ohne Gasmaske atmen können, dass sie in einer Welt leben, die noch nicht zu einer heißen Steppe geworden ist und er der es nicht nur völlig überbevölkerte Städte und wenig zu essen gibt … Das will ich nicht! Nein, wirklich nicht.

Ich werde tun, was ich dafür tun kann, dass es nicht so kommen wird.

Und Sie? An welcher Stelle können Sie unsere Welt einen kleinen Schritt weiter zu dem machen, wie Sie sie haben, damit sie so leben können, wie Sie es am liebsten wollen – und wie Sie wollen, dass auch noch ihre Kinder und Enkel leben können?

Gehen Sie einen Schritt – und mag er noch so klein sein – dieser kleine Schritt wird uns alle, wenn alle solche kleine Schritte tun, näher zu einem besseren Leben bringen!

Taten statt Warten!

2. Wohlstand

Ja – Veränderungen sind lästig. Sie können sogar sehr unangenehm sein. Und auch Selbstbeschränkung ist etwas, das keiner in seinem Leben haben will – und schon gar nicht, wenn andere sagen, was man tun darf und was nicht, was man haben darf und was nicht.

Doch wenn es eng wird auf der Erde, weil hier nur für 2 Milliarden Menschen gut Platz ist und nicht für 8 Milliarden Menschen wie heute – was dann? Wenn uns die Rohstoffe ausgehen – was dann? Wenn es immer weniger Tierarten und Pflanzenarten gibt? Wenn durch die Klimaerwärmung die Wälder sterben und die Wüsten rapide größer werden – was dann? Sollen wir warten, bis es soweit ist und der Kampf jeder gegen jeden ausbricht?

Oder sollten wir nicht eher einmal schauen, was wir wirklich brauchen? Und vor allem: Sollten wir nicht einmal wirklich genauer schauen, wie wir als Einzelner und als Menschheit auf der Erde auf eine Art leben können, durch die auch unsere Kinder und Enkel noch ein gutes Leben haben werden?

Viele Naturvölker leben nach dem Prinzip, dass niemand etwas tun sollte, durch das ein anderer in den folgenden zehn Generationen geschädigt wird. Wie wäre es, wenn wir zivilisierten Menschen diese Weisheit der Naturvölker ebenfalls beherzigen würden?

Es fällt schwer, ein Verbot einzuhalten, dessen Sinn man nicht einsieht – doch wenn man erkennt, dass man durch dieses Verbot zwar auf eine kleine, unwichtige Sache verzichten muss, aber dafür eine viel größere Sache nicht verlieren wird? Einem Pubertierenden wird diese Einsicht schwerfallen, denn sie leben meistens nach dem Motto: „Ich will alles und zwar jetzt!" Aber einem Erwachsenen sollte es doch eigentlich möglich sein, auch auf eine einsichtige und vorausschauende Weise zu handeln.

Es ist einfach höchste Zeit, kollektiv erwachsen zu werden …

Was brauchen wir wirklich? Was ist ein solider Wohlstand? Das ist genügend zu essen, eine Wohnung, eine gute medizinische Versorgung, Sicherheit im Alltag, die Freiheit der Berufswahl … Das und noch ein paar ähnliche Dinge genügen, um gut leben zu können.

Wenn man in sich ruht und eigenständig ist, ist es kein Problem zu sehen, welche

Dinge man braucht und welche nicht. Doch wenn man noch ein tiefes Mangelgefühl in sich trägt, eine verborgene Verlustangst, die Furcht vor Armut, eine heimliche Gier … Was dann? Dann wird es sehr schwer, das rechte Maß zu erkennen … Und es gibt sehr viele Reiche, die im Stress leben und die nur deshalb reich sind, weil sie in einem tiefen Mangelgefühl gefangen sind. Natürlich trifft das nicht für alle Reiche zu, doch für viele … Und der Alkoholiker und Heroinsüchtige lebt ebenfalls in diesem Mangel, nur hat er resigniert oder hatte er nicht die Kraft, reich zu werden – wobei kein Reichtum jemals diesen Mangel heilen kann, weil die Reichtums-Sucht eben auch ein Sucht ist.

Doch natürlich ist Armut keineswegs eine Tugend! Wirklich nicht! Genügend zu essen und ein Dach über dem Kopf und eine Arbeit, die man gut machen kann und die man gerne macht, sind etwas ausgesprochen Wertvolles.

Es geht um das rechte Maß. Dieses Maß muss auch nicht für alle gleich sein – das kann es auch gar nicht sein. Aber zwischen einem Grundbedürfnis und einer Sucht besteht ein sehr großer Unterschied.

Was ist das, wonach wir streben, wenn wir in uns ruhen? An welchen Werten orientieren wir uns dann? Welches Wertesystems finden wir dann in uns? Wenn wir sorgfältig in uns hinein schauen und wenn wir genauso aufmerksam in die Welt um uns herum schauen, dann werden wir zu Werten und zu Entschlüssen und daher auch zu einem Verhalten gelangen, das man als „auf eine gute Weise erwachsen“ bezeichnen kann. Genau das ist das, was wir brauchen.

Diese Werte werden nicht bei allen gleich sein – und das müssen sie auch nicht sein. Sie sollten aber mit den Wünschen der allermeisten anderen kompatibel sein und zusammen ein erwachsenes Verhalten der Menschheit ergeben. Wenn wir das erreicht haben, dann werden uns unsere Kinder, Enkel und Urenkel dankbar sein – und nicht nur unsere eigenen Nachkommen, sondern auch die auf allen fünf Kontinenten, denn das, was wir dort, wo wir selber leben, für unser Kinder tun, wird auch eine Wirkung auf alle anderen Kinder auf der Erde haben.

Es wird immer auch die geben, die auf ihren kurzfristigen Vorteil und nicht auf die langfristige Notwendigkeit schauen, doch wenn die große Mehrheit der Menschen langfristig denkt und handelt, wenn sie sich also wie verantwortungsvolle Erwachsene verhält, können diejenigen, die noch nicht in dieser Weise erwachsen geworden sind, keinen allzu großen Schaden mehr anrichten.

Es klingt sehr schlicht zu sagen, dass wir uns jetzt endlich wie Erwachsene verhalten sollten, doch dieses kollektive Erwachsensein hat viele Konsequenzen. Eine von ihnen ist zum Beispiel die Auflösung der extremen Besitzunterschiede zwischen Arm und Reich. Natürlich sollten nicht alle gleich viel besitzen – warum auch? Doch die Unterschiede sollten auch nicht so groß sein, dass sie den Ärmeren Schaden – noch immer sterben täglich 24.000 Menschen an Hunger …

Wenn Sie ganz ehrlich in sich schauen – finden sie dann Mangelgefühle, Angst vor Armut, Verlustängste? Wenn ja, dann ist das der wichtigste Punkt, an dem Sie etwas zu einer erwachseneren Lebensweise der Menschen auf diesem Planeten beitragen können. Nur dann, wenn man in sich die innere Fülle wiederfindet, kann diese Fülle auch im Außen entstehen. Damit ist nicht Reichtum gemeint, denn den kann am besten ein Geld-Süchtiger anhäufen – damit ist ganz schlicht gemeint, dass alles da ist, was man braucht.

Und auch erst dann, wenn man diese Fülle in sich selber wiedergefunden hat, kann man mit lächelndem Herzen und klarem Blick schauen, was einem wirklich im Leben wichtig ist. Erst dann kann man seine eigentlichen Werte, die im eigenen Herzen gegründet sind, erkennen. Und erst das Befolgen dieser Werte im eigenen Leben kann glücklich machen.

Und genau das ist die Aufgabe von Werten: Sie sollen eine Landkarte und ein Pfadfinder zum eigenen Glück sein.

Was brauchen wir wirklich?

3. Vielfalt

Ⅱ

Wir haben Probleme – gut. Aber warum lösen wir sie nicht einfach durch innovative Technik? Dann sparen wir uns die Verbote und erhalten uns unsere Freiheit … … … ja … schön wär's …

Doch leider ist der Lebensraum auf der Erde begrenzt und ebenso die Rohstoffe – das setzt uns einfach Grenzen. Und auch, wenn jemand etwas erfinden würde, was all diese Probleme lösen würde, haben wir diese Lösung erst, wenn sie tatsächlich erfunden worden ist und nicht schon jetzt. Wir müssen jetzt so handeln, wie es uns unsere derzeitigen Möglichkeiten erlauben. Das bedeutet leider auch, Grenzen einzuhalten – und das heißt wiederum, dass die Menschheit am besten auf ungefähr ein Viertel ihrer heutigen Größe (8 Milliarden) schrumpfen sollte, statt alle 50 Jahre um eine Milliarde Menschen größer zu werden. Das bedeutet auch, dass wir wegen der Klimaerwärmung unseren CO_2-Ausstoß sofort drastisch verringern müssen.

Es wäre sehr heikel, einfach nur darauf zu hoffen, dass schon jemand eine Lösung finden wird, die uns alle Beschränkungen erspart. Wenn wir unsere Erde so wie heute oder zumindest noch einigermaßen gut bewohnbar erhalten wollen, können wir nicht warten, sondern müssen jetzt handeln.

Die Überbevölkerung ist ein derart unpopuläres Thema, dass sich so gut wie kein Politiker traut, allen Menschen zwei Generationen lang die Ein-Kind-Familie vorzuschlagen. Nötig wäre es jedoch … Aber die Vernunft hat es nicht leicht, gegen den Familiensinn und gegen die Sexualität gleichzeitig zu argumentieren und sich auch noch durchzusetzen … Aber was wird geschehen, wenn die Menschheit so wie in den letzten 200 Jahren weiterwächst? Dann werden auf der Erde in 200 Jahren statt 8 Milliarden Menschen 32 Milliarden Menschen leben – oder zumindest leben wollen, falls das dann überhaupt noch möglich ist …

Wenn man sich das bisherige Bevölkerungswachstum anschaut, erhält man eine e-Funktion, d.h. eine Kurve, die ständig schneller wächst. Die Menschheit verdoppelt ihre Anzahl ungefähr seit ca. 1400 n.Chr. alle 150-200 Jahre. Vorher war das Wachstum sehr langsam und wurde durch Kriege, Seuchen, Hungersnöte und dergleichen immer wieder ausgebremst – doch seit ca. 1400 sind diese Einschränkungen des Bevölkerungswachstums weitgehend fortgefallen.

Das bisherige Bevölkerungswachstum wird in der untenstehenden Kurve durch die schwarze Linie dargestellt.

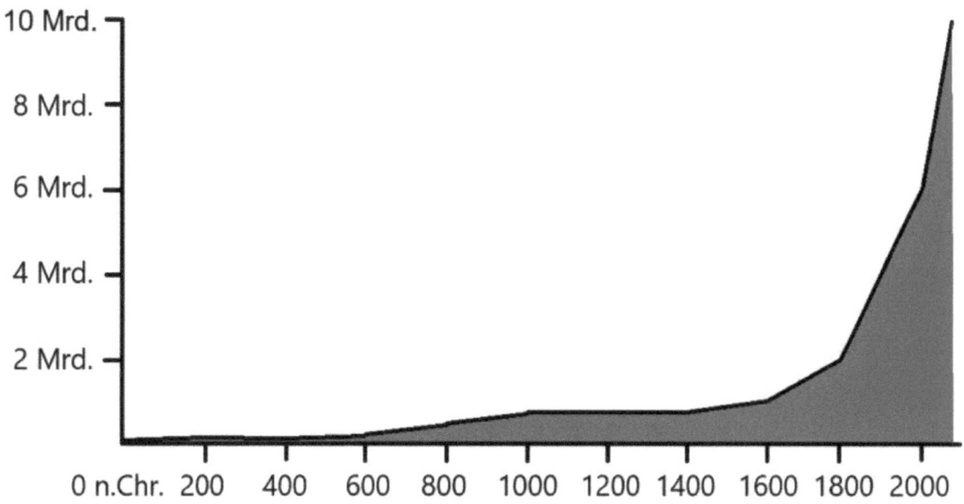

Es gibt verschiedene Möglichkeiten, wie sich diese Kurve weiterentwickeln könnte:

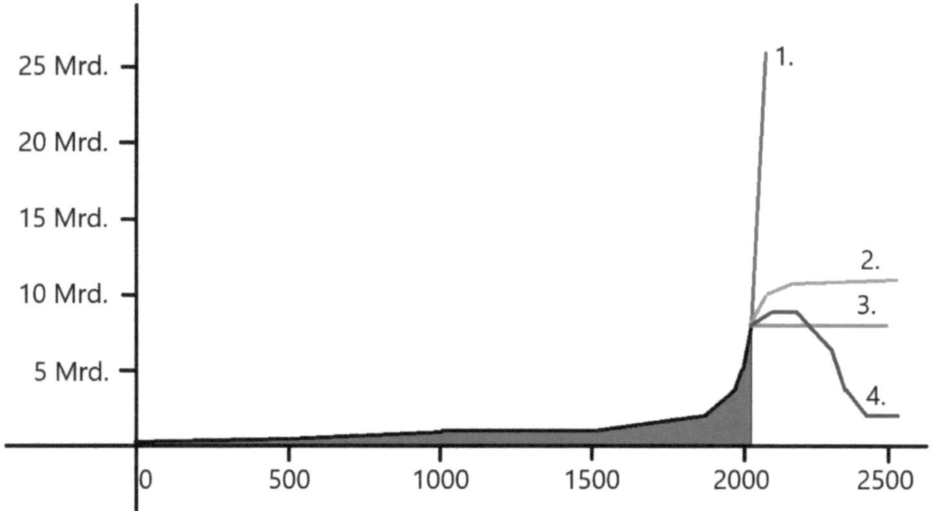

Möglichkeit 1: Das Bevölkerungswachstum bleibt weiterhin eine „Bevölkerungsexplosion" und steigt ungehindert weiter an. Um 2200 werden wir dann ca. 30 Milliarden Menschen sein. d.h. ca. 4-mal so viele wie heute.

Wenn wir nichts unternehmen, ist abzusehen, daß es irgendwann zu einem Kollaps kommen wird – bei 15 Milliarden, bei 25 Milliarden – vielleicht auch erst noch ein bißchen später. Doch endlos kann diese Entwicklung so nicht weitergehen. Es muß also etwas unternommen werden.

Möglicherweise wird sich das Wachstum jedoch auch leicht abschwächen, da derzeit vor allem noch die Bevölkerung von Indien und Afrika stark wächst und in allen anderen Regionenn der Erde nur noch langsam zunimmt bzw. gleich bleibt.

Möglichkeit 2: Das Wachstum der Bevölkerung wird eingeschränkt und stabilisiert sich auf hohem Niveau. Dazu wird es notwendig sein, daß wir die Klimaerwärmung, den Hunger und das Wachstum der Wüsten kollektiv in den Griff bekommen.

Durch neue Techniken ist vermutlich auch eine größere Bevölkerungszahl auf der Erde möglich, aber mit diesen Techniken kann man erst dann planen, wenn sie bereits erfunden hat und sie ausgereift sind. Ansonsten wäre es sehr leichtsinnig, auf solche derzeit noch unbekannte Techniken zu hoffen und zu vertrauen und nichts zu unternehmen.

Es gibt einige Prognosen, die diese Entwicklung voraussagen, doch sicher ist sie nicht.

Möglichkeit 3: Das Einfrieden der Bevölkerungszahl auf dem heutigen Stand. Dafür wären rigorose politische Maßnahmen wie die Vorschrift der maximal-2-Kinder-Familie notwendig, was derzeit vollkommen illusorisch wäre. Welche Partei würde so etwas vorschlagen wollen? Eine solche Maßnahme würde die persönliche Freiheit drastisch einschränken und wäre daher sehr unpopulär.

Diese Maßnahmen müßten vor allem in Indien und in Afrika getroffen werden, da die Bevölkerung dort am stärksten wächst.

Möglichkeit 4: Dies ist entweder die optimistische Version, bei der auf die Einsichtsfähigkeit der Menschen gebaut wird, die aus sich heraus beschließen, deutlich weniger Kinder zu bekommen – oder es wäre die drastische politische Version, bei der über 2-3 Generationen die 1-Kind-Familie vorgeschrieben wird.

Das wäre die Version, bei der wir auch ohne neue Techniken und große wirtschaftliche Umstellungen das Weiterleben der Menschen auf der Erde absichern würden. Durch zukünftige neue Techniken könnte die Zahl der Menschen, die auf der Erde leben können, dann wieder allmählich erhöht werden – sofern das dann noch gewünscht wird.

Für welche dieser Entwicklungen wir uns entscheiden werden, ist derzeit nicht abzusehen. Wenn wir jedoch – wie wir Menschen das ja angesichts von drohenden Katastrophen so gerne tun – gar nichts unternehmen, wird Version 1. eintreten – ungehemmtes Wachstum bis zum Kollaps. Dieser Zusammenbruch kann durch die Klimaerwärmung, Hungersnöte, Platzmangel, Verteilungskriege und vermutlich noch einiges anderes zustande kommen.

Es ist nicht klar, was wir tun werden und es ist auch nicht klar, wie wir das dann umsetzen werden – doch es ist klar, daß Nichtstun die schlechteste aller Möglichkeiten ist.

Auch wenn die Technologie und andere kreative Ideen derzeit noch nicht ausreichen, um unsere Probleme zu lösen, ist die Vielfalt an Lösungsansätzen dennoch ein großes Potential. Es wird sicherlich keine einzelne Idee und auch keine einzelne Erfindung sein, die unsere Lage auf der Erde wieder stabilisiert, sondern viele kleine und größere Ansätze, die schließlich zu einer Verbesserung führen – für eine einzelne „rettende Idee" ist unsere Situation einfach viel zu komplex.

Daher muss das neue Wertesystem auch die Vielfalt der Lösungsansätze fördern: Es ist alles willkommen, was ein Stückchen weiterhilft.

Da es darum geht, kollektiv erwachsen zu werden, also als Menschheit wie in einer Familie zu leben, ist es auch offensichtlich, dass eine Vielfalt der Lebensweisen und Beziehungsformen möglich sein muss, denn nur dann, wenn jedes Familienglied die Freiheit hat, weitgehend so zu leben, wie es will, kann der Familienfrieden gewahrt bleiben. Natürlich gibt es da dieses Wörtchen „weitestgehend", das besagt, dass die Grenze der eigenen Freiheit dort ist, wo man andere einschränkt oder der Gemeinschaft als Ganzes schadet. Darüber, wo genau man diese Grenzen setzt, kann man sich natürlich ausgiebig streiten …

Dieses Begrüßen der Vielfalt der Ideen, der Ansichten, der Vorlieben und der Lebensweisen bedeutet natürlich nicht, dass jeder so ausgefallen wie möglich leben sollte, sondern nur, dass er die größtmögliche Freiheit zur Selbsttreue erhält. Trotzdem müssen auch die traditionellen Lebensweisen weiterbestehen können – schließlich bieten sie vielen Rückhalt, sind ihnen willkommen und sind die Lebensweise, die ihnen am besten gefällt. Diese Traditionen dürfen nur nicht zu Vorschriften für alle werden.

Das, was all diese traditionellen Lebensweisen und all die neuen Lebensweisen eint, ist der gemeinsame Wille, die Erde für die Menschen bewohnbar zu erhalten.

Leben Sie so, wie sie wollen, fördern Sie die Menschheit durch ihre Ideen und durch Ihr Verhalten – dann werden auch ihre Kinder und Enkel noch ein gutes Leben auf der Erde haben.

Vielfalt statt Einfalt!

4. Gemeinschaft

♋

Wo beginnt auch die größte Veränderung? In mir selber.

Und was ist der zweite Schritt, durch den diese Veränderungen in die Welt kommen? Das ist mein verändertes Verhalten in meiner Familie und mit meinen Freunden.

Die zunehmende Globalisierung hat dazu geführt, dass alle auf der Erde von den Entscheidungen und Handlungen aller anderen beeinflusst werden. Daher bleibt uns gar nichts anderes übrig als die Menschheit als eine große Familie anzusehen. Vielleicht hilft es, sich das einmal im Detail anzusehen:

In einer Familie streben fast alle danach, die Familie zu erhalten.

In derselben Weise müssen wir heute danach streben, unser Ökosystem zu erhalten, d.h. dafür zu sorgen, dass die Erde weiterhin bewohnbar bleibt.

In einer Familie gibt es einen Haushaltsplan, der zeigt, wieviel Geld da ist und wofür es ausgegeben werden kann.

In derselben Weise ist ein Plan für die Größe der Bevölkerung und für die Nutzung von Land, Rohstoffen und Energie notwendig, der auch alle Grenzwerte, Fließgleichgewichte, Rückkoppelungen, Kreisläufe und ähnliches mitbedenkt.

In einer Familie legt man sich meistens auf einen Partner fest oder erschafft auf andere Weise eine Grundstabilität.

In derselben Weise besteht die Notwendig zu Erschaffung eines stabilen, nachhaltigen Systems auf der Erde, denn wir haben nur diese eine Erde …

In einer Familie tragen die Eltern die Verantwortung für die Kinder

In derselben Weise tragen auch wir als Teile der gesamten Menschheit die Verantwortung dafür, dass unsere Kinder noch gut auf dieser Erde leben können.

In einer Familie erlebt jeder zunächst eine starke Einschränkung der eigenen Möglichkeiten durch die Einbindung in die Familie – jeder trägt einen Teil der Verantwortung für die Familie. Doch es wird auch jeder von der Familie getragen, sodass man Vertrauen in die Familie haben kann.

In derselben Weise erlebt jeder Einzelne zunächst eine starke Einschränkung in Bezug auf die Produktion und den Müll, die Reduzierung der Bevölkerung und die Begrenzung des Energieverbrauchs – jeder trägt einen Teil der Verantwortung für die Erde. Doch es wird auch jeder von der Menschheit getragen, sodass man Vertrauen in die Menschheit haben kann.

In einer Familie kann man durch die Beschränkung auf das Wichtigste dieses Wichtige aber auch sicher erreichen: Gemeinschaft und das Aufwachsen der Kinder.

In derselben Weise kann man auf der Erde durch die Beschränkung auf das Wichtigste dieses Wichtige aber auch sicher erreichen: das Überleben der Menschen auf der Erde

In einer Familie führt die dauerhafte Koordination der Bedürfnisse der Familienmitglieder zum Gedeihen.

In derselben Weise führt auch die Kooperation zwischen Einzelnen und Staaten insbesondere bei der Rohstoffverteilung und bei dem Wohlstandsausgleich zu einem friedlichen Gedeihen.

In einer Familie ist man gezwungen, die Egozentrik in den Rahmen der Notwendigkeiten der Familie zu stellen. Dadurch werden die eigenen Wünsche zu einem integrierten Teil dessen, was die Familie will.

In derselben Weise ist man auch als Teil der Menschheit gezwungen, den Blick auf sich selber zu einem Blick auf das Ganze zu weiten. Dadurch werden die eigenen Wünsche zu einem integrierten Teil dessen, was die Menschheit will.

In einer Familie steht man in einem ständigen Austauschprozess mit allen anderen Familienmitgliedern.

In derselben Weise steht auch der Einzelne in einem ständigen Austauschprozess mit allen anderen Menschen.

In einer Familie besteht die Notwendigkeiten, die eigenen Triebe, Wünsche und Bestrebungen dem Ziel des Gedeihens der Familie unterordnen und dadurch den eigenen bestmöglichen Zustand zu erreichen.

In derselben Weise besteht auch für den einzelnen Menschen die Notwendigkeit, die eigenen Bedürfnisse und das gesamte eigene Handeln unter das Ziel der Erhaltung des Ganzen zu stellen und dadurch den eigenen bestmöglichen Zustand zu erreichen.

In einer Familie gibt es immer wieder Streit, aber es ist wichtig, dass er so gelöst wird, dass die Familie intakt bleibt.

In derselben Weise wird es auch in der Menschheit immer wieder Streit geben, aber es ist auch hier wichtig, dass er so gelöst wird, dass die Menschheit selber nicht gefährdet wird.

Könnten wir nicht alle unsere Einsichten und unserer Verhalten aus der Familie auf die Menschheit übertragen? Dann wären wir schon ein gutes Stück weiter.

Natürlich ist das Familienleben nicht immer ganz einfach – und das Zusammenleben als Menschheit wird wahrscheinlich auch nie ganz einfach werden – aber wenn wir das, wir in der Familie oder in anderen Gemeinschaften gelernt haben, auf unser Verhalten in der Menschheit übertragen würden, wäre das auf jeden Fall schon mal eine deutliche Verbesserung.

Früher waren wir als Menschen einmal Kinder der Erde … Dann haben wir durch die Industrialisierung die Erde als unsere Mutter aus den Augen verloren … Und nun sind wir in einer Lage, in der wir dringend zu Eltern der Erde werden müssen, um unser eigenes Überleben zu sichern.

Wir sitzen alle in einem Boot ...

5. Selbsttreue

♌

Was bringt es mir, etwas für die Menschheit zu tun, wenn es mir dabei selber nicht gut geht? Nicht wirklich viel … Daher ist es wichtig, nicht in einen reinen Altruismus zu verfallen, durch den man sich für die Gemeinschaft aufopfert. Genauso wenig ist ein platter Egoismus sinnvoll.

Das, was wirklich gebraucht wird, ist ein weitsichtiger Egoismus, der zum einen auf Selbsterkenntnis, Selbsttreue und Selbstentfaltung beruht, und der zum anderen auf dem Betrachten, Erkennen und Beachten der Zusammenhänge zwischen dem Einzelnen und der Gemeinschaft besteht. Nur dann kann man das Handeln erkennen, das langfristig zu dem eigenen Wohlergehen führt.

Was nützt es mir, den ganzen Tag für die verschiedensten Initiativen zu arbeiten, aber nie Zeit für Freundschaften und Beziehungen zu haben? Und was nützt mir mein platter Egoismus, wenn deshalb niemand mehr eine Freundschaft oder eine Beziehung zu mir haben will?

Es müssen beide Seiten geheilt werden: das Ich und die Gemeinschaft.

Das Ich braucht die Heilung der Prägung durch Mangel, Angst und Selbstzweifel und die dadurch entstehende Rückkehr zu Fülle, Kraft und Selbstliebe.

Die Gemeinschaft braucht die Heilung von Gier, Aggression und Unterdrückung und die dadurch entstehende Rückkehr zu Solidarität, Frieden und Menschenwürde.

Beides sind im Grund dieselben drei „Krankheiten" und dieselben drei Heilungen.

Durch die Globalisierung wird der Einzelne zum integrierten Teil der Menschheit. Diese Entwicklung kommt von außen durch das Internet, die Klimaerwärmung, die atomare Bedrohung, den internationalen Flugverkehr und vieles mehr. Das ist nichts, was sich der Einzelne ausgesucht hat.

Wie soll man damit zurechtkommen können, wenn sich nicht auch das Selbstbild in entsprechender Weise weiterentwickelt? Das ist genau die Aufgabe, vor der ein Paar steht, wenn das erste gemeinsame Kind geboren wird. Man ist auf einmal in der Rolle des Erwachsenen, des Vaters und der Mutter, und muss nicht nur nach dem Partner, sondern auch noch nach dem Kind sehen. Man ist zu einem Teil einer Familie geworden.

Dasselbe geschieht auch mit dem Einzelnen in der „globalisierten" Menschheit. Daher wird ein neues Selbstbild gebraucht, das dieser veränderten Situation entspricht. Man ist kein abgegrenztes Individuum mehr, sondern ein eigenständiger Teil des Ganzen, der jedoch nicht mehr klar von dem Ganzen abgegrenzt ist.

Vielleicht hilft es, die eigene Abgrenzung zur Welt einmal genauer anzuschauen. Der eigene Körper steht in vielfältigen Austauschprozessen mit seiner Umwelt: Geburt, Atmung, Trinken, Essen, Ausscheiden, Sinneswahrnehmungen, Zeugung, Gebären, Tod …

Die gleiche Betrachtung kann man auch für die Austauschprozesse des Bewusstseins anstellen: Wahrnehmungen, Beziehungen, Freundschaften, Feindschaften, soziales Gesamtgefüge, Telepathie, Horoskop, religiöse und magische Erlebnisse …

Wie wäre es, sich selber nicht mehr als einen hart von allem anderen abgegrenzten Diamanten anzusehen, sondern als ein „selbstorganisierendes Muster in einem Gesamtsystem"? Das ist zwar gewöhnungsbedürftig, aber näher an der Realität.

Das neue Wertesystem, das hier betrachtet wird, weil es für die Menschheit dringend notwendig ist, ist also auch ein neues Selbstbild. Man kann keine neuen Werte anstreben, wenn man nicht ein Selbstbild hat, das die Wurzel dieser Werte und zugleich ihre Frucht ist. Man kann Werte und Selbstbild nicht getrennt betrachten.

Es geht daher nicht nur darum, selber heil zu werden, sondern auch noch darum, sich selber auf eine tiefgehende Weise weiterzuentwickeln – eben erwachsen zu werden …

Es gibt noch einen weiteren wichtigen Punkt, der das Wertesystem betrifft. Wenn man letztlich alles als einen Gesamtprozess betrachten muss, weil eben alles miteinander zusammenhängt und alles auf alles wirkt, dann muss man auch schauen, wie sich die Dinge in diesem Gesamtprozess am sinnvollsten organisieren.

Es ist zunächst einmal klar, dass der Einzelne weiterhin sein eigenes Leben leben und lenken muss, und auch, dass es eine Institution geben muss, die den Gesamtprozess, also das gemeinsame Leben der Menschheit, koordiniert.

Doch wie läuft die Koordination zwischen dem Einzelnen und der Menschheit ab? In der Familie, in der Sippe, in der Stadt, im Volk, im Staat? Wer hat welche Verantwortung? Und wer trifft welche Entscheidungen? Idealerweise treffen diejenigen die Entscheidungen, die auch die Folgen tragen müssen – wobei sie auch ausreichend sachkundig sein sollten …

Wie frei sollten diese Einheiten (Einzelner, Familie, Stadt, Staat usw.) sein und wie sehr sollen sie an das Gemeinwohl gebunden sein? Es ist leicht zu sagen, dass sie so frei wie möglich und so gebunden wie nötig sein sollten, doch darüber zu entscheiden, wie das ganz konkret aussieht, wird noch zu vielen Debatten führen.

Dazu kommt noch der Streit zwischen dem kurzsichtigen Egoismus, der jetzt etwas haben will, und dem weitsichtigen Egoismus, der auch die Spätfolgen beachtet. Es ist zu hoffen, dass sich der weitsichtige Egoismus durchsetzen wird …

In diesem Rahmen wird es immer wieder zu Unruhen kommen: Will man in der Familie bleiben oder nicht? Tritt ein Staat aus der EU aus oder nicht? Tritt ein Land der UNO bei oder nicht?

Das Bild, das hier weiterhelfen kann, ist die Menschheit als ein Lebewesen zu betrachten, das aus vielen Organen besteht, die wiederum aus vielen Zellen bestehen. Sowohl das Lebewesen als auch die Organe und die Zellen sind selbstorganisierte Einheiten.

Auch der einzelne Mensch, die Familie, die Stadt, der Staat und die Menschheit als Ganzes sind solche selbstorganisierten Einheiten. Offensichtlich ist dabei der Einzelne stärker in die Menschheit eingebunden als das bisher meistens gesehen worden ist. Daher ist dieses neue Selbstbild ein so wichtiges Element, wenn sich das hier beschriebene neue Wertesystem durchsetzen soll – um dann unsere Lebensgrundlagen auf der Erde langfristig und auch für unser Kinder und Enkelkinder zu sichern.

Sei Dir selber treu – mit Weitsicht!

6. Nachhaltigkeit

♍

Alles, was funktionieren soll, muss gut durchdacht und organisiert werden. Es wird nicht nur die Beachtung der Nachhaltigkeit benötigt, sondern auch Sachkenntnis und Sorgfalt. Das neue Gesamtsystem, das sich aus dem neuen Wertesystem ergibt, hat eine große Vielfalt, da es alle Lebensbereiche gestalten sollte – natürlich nicht im Sinne einer „Öko-Diktatur", wie das manchmal abwertend genannt wird – sondern im Sinne einer Einsicht, was letztlich für einen selber, für die eigenen Kinder und Enkel und auch für die Menschheit als Ganzes das Beste ist.

Für die Entwicklung eines sinnvollen Handelns sind generell mehrere Schritte notwendig:

1. eine klare und umfassende Wahrnehmung. Aus ihr folgt

2. die Einsicht in Zusammenhänge,

3. das Akzeptieren und Achten sowohl der Anderen als auch der Grenzwerte und

4. die Kooperation, d.h. man stellt die eigene Arbeitskraft und die eigenen Fähigkeiten dem Ganzen zur Verfügung, man wirkt an der Koordination des Ganzen mit und befriedigt die eigene Bedürfnisse aus dem Ganzen heraus.

Es sind noch drei weitere Schritte förderlich:

5. die Förderung der Kreativität,

6. klare, allgemeine Ziele und vielfältige Wege und Methoden, und

7. das Vertrauen des Einzelnen in die Gemeinschaft sowie die Verantwortung des Einzelnen für die Gemeinschaft.

Diese sieben Schritte sind der rote Faden, aus dem sich stets ein sinnvolles Handeln ergibt.

Das neue Wertesystem und das aus ihm entstehende neue Menschenbild und Weltbild führt natürlich auch zu einer veränderten Sicht auf Gesundheit, Krankheit und Heilung.

In diesem Bereich lässt sich die Entwicklung dadurch fördern, dass man zu erkennen lernt, wo die eigentlichen Krankheitsursachen liegen, und auch dadurch, dass man sowohl den organischen und psychologischen als auch den sozialen und ökologischen Bereich betrachtet und, wenn es sinnvoll erscheint, auch Religion und Magie zu Rate zieht. Es ist auch förderlich, den Mut zu haben, auch ausgefallenere Methoden wie Akupunktur oder Astrologie zu erproben und so schließlich zu einer ganzheitlichen Betrachtung der menschlichen Persönlichkeit innerhalb ihres Beziehungsgefüges und zu einer ganzheitlichen Heilweise zu gelangen.

Es hilft, wenn man sich einmal die Heilungsmethoden in den verschiedenen Epochen betrachtet:

> In der **Altsteinzeit** war die Assoziation die wichtigste Form des Ordnens, Denkens und Handelns. Aus ihr ergab sich eine Weltsicht, die dadurch geprägt war, dass „Kontakt Lebenskraft (Vitalität) überträgt". Daraus entstand die „Assoziations-Magie" deren bekannteste Form heute sicherlich das Reiki ist.

> In der **Jungsteinzeit** war die Analogie die wichtigste Form des Ordnens, Denkens und Handelns. Aus ihr ergab sich eine Weltsicht, die dadurch geprägt war, dass „Gleiches auf Gleiches wirkt" und „Gleiches sich gleich entwickelt". Daraus entstand die „Analogie-Magie" deren bekannteste Formen heute wahrscheinlich die Astrologie und die Homöopathie sind.

> In der Epoche des **Königtums**, des Monotheismus und der Philosophie war die Herleitung des Details aus einer uranfänglichen Einheit (König, Gott, Wahrheit) die wichtigste Form des Ordnens, Denkens und Handelns. Aus ihr ergab sich eine Weltsicht, die dadurch geprägt war, dass „Identifizierung zu Veränderung führt". Daraus entstand die „Gottes-Magie", die auch „Theurgie" genannt wird und deren bekannteste Form heute vermutlich das Gebet, also die Anrufung einer Gottheit ist.

> In der Epoche des **Materialismus** war die Analyse die wichtigste Form des Ordnens, Denkens und Handelns. Aus ihr ergab sich eine Weltsicht, die dadurch geprägt war, dass nur die Kausalität als Wirkungsmöglichkeit gesehen wurde. Daraus entstand die „materielle Handlungsweise", also die naturwissenschaftliche Medizin, die manchmal auch ein wenig abfällig als „Schulmedizin" bezeichnet wird.

> In der **Epoche der Globalisierung** ist der Blick auf das Ganze und auf die Einheit von Körper und Bewusstsein die wichtigste Form des Ordnens, Den-

kens und Handelns. Aus ihr ergibt sich eine Weltsicht, die dadurch geprägt ist, dass alles als „Muster in einem Kontinuum" angesehen wird. Daraus entsteht die „ganzheitliche Medizin", die eine Synthese aus allen alten und neuen Heilungsansätzen ist.

Das, was hier am Beispiel der Heilung beschrieben worden ist, wird in allen Lebensbereichen gebraucht, um eine möglichst umfassende und daher effektive Vorgehensweise zu erreichen.

Das neue Wertesystem ist schließlich kein abstraktes Konzept, sondern ergibt sich aus den derzeitigen Notwendigkeiten – und wozu sollte ein neues Wertesystem gut sein, wenn nicht dafür, das Wichtigste möglichst effektiv zu erreichen?

Wer heilt, hat recht.

7. Kooperation

♎

In einer Familie ist Kooperation notwendig – und in einer globalisierten Menschheit ebenso. Dabei können wir nicht wählen, ob wir globalisiert sein wollen oder nicht – wir sind globalisiert, weil wir so viele geworden sind und weil unsere Technik so weit fortgeschritten ist.

Kooperation ist das Verhalten, das sich notwendigerweise aus der Globalisierung ergibt, also aus der zumindest teilweisen Auflösung der Grenzen des Einzelnen. Wenn man bei seinem Verhalten diese Auflösung der Grenzen des Einzelnen (wodurch sich die Familie bzw. die Menschheit als Gemeinschaft ergeben) nicht beachtet, werden die Früchte der eigenen Handlungen nicht mehr den eigenen Absichten entsprechen. Kooperation ist zur Notwendigkeit geworden.

Auf den ersten Blick ist Kooperation natürlich ein Nachteil: Man muss sich verändern, Rücksicht nehmen, über komplexe Zusammenhänge nachdenken, andere Meinungen akzeptieren und dergleichen lästige Dinge mehr.

Doch das ist nicht die ganze Wahrheit:

> Bei dem Leben nach dem Konkurrenz-Prinzip bekommt der Stärkste ein größeres Stück vom Kuchen ab als die anderen – also strebt man danach, der Stärkste zu sein.

> Bei dem Leben nach dem Kooperations-Prinzip gibt es jedoch insgesamt mehr Kuchen – und man bekommt auch selber mehr und das ohne Kampf …

Wann verändern sich Menschen? Wann nehmen sie ein neues Werte- und Verhaltenssystem an? Nur dann, wenn sie die Notwendigkeit dieser Werte und dieses Verhaltens einsehen oder zumindest einen deutlichen Vorteil davon haben – warum sollte man es auch sonst machen?

Und die Vorteile, den wir von einer Kooperation haben, die die Konkurrenz als prägendes Ordnungsprinzip ablöst und sie zu einem untergeordneten Ordnungsprinzip macht, sind groß.

Sieben Beispiele:

1. Frieden

Frieden und die Abschaffung der Atomwaffen lässt sich nicht mit dem Konkurrenzprinzip erreichen, da dann jeder Einzelne zur eigenen Sicherheit stärker als alle anderen sein will.

Dieses Ziel lässt sich nur durch Übereinkünfte, Zusammenarbeit, Zuverlässigkeit und ähnliches mehr – also durch Kooperation – erreichen.

Man sollte auch bedenken, was man mit den Einsparungen an Militär-Ausgaben alles machen könnte: den Klimawandel stoppen, den Hunger in der Welt beenden, die medizinische Forschung und die medizinische Versorgung vorantreiben …

Wäre das nicht lohnend?

2. Umwelt

Die Überbevölkerung, die Klimaerwärmung, Umweltzerstörung und die vielen anderen ähnlichen Probleme lassen sich ebenfalls nicht nach dem Konkurrenzprinzip lösen, da dabei jeder vor allem auf seinen eigenen Vorteil schaut.

Dieses Ziel lässt sich nur durch Einsicht und konsequentes, gemeinschaftliches Handeln erreichen.

Man sollte auch bedenken, was es bedeutet, eine Erde zu haben auf der man gut leben kann – im Gegensatz zu einer Erde, auf der das Überleben schwierig wird und auf der es zum Kampf um die letzten Ressourcen kommt.

Wäre die Erhaltung unseres Lebensraumes – unserer ökologischen Nische – nicht ein lohnendes Ziel?

3. Produktion

Das Konkurrenzprinzip führt zur Produktion von nur kurz haltbaren Produkten, da es mehr Gewinn bringt, achtmal ein paar nur kurz haltbare Schuhe zu verkaufen, als nur zweimal ein Paar lange haltbare Schuhe zu verkaufen.

Wenn man sich das jedoch genauer anschaut, wird deutlich, dass für die zwei haltbaren Schuhe zwar doppelt so viel Rohstoffe und Arbeit benötigt wird, aber wenn sie dafür achtmal so lange halten? Dann brauchen wir bei den langlebigen Schuhen letztlich nur ein Viertel der Arbeitskraft und der Rohstoffe dafür, dass wir Schuhe haben.

Man sollte bedenken, dass das letztlich bedeutet, dass man für die Schuhe nur noch ein Viertel so lange wie zuvor arbeiten muss. Wenn das in vielen

Bereichen so gemacht würde, würde sich die Arbeitszeit auf mindestens die Hälfte oder noch weniger reduzieren, ohne dass es deshalb weniger Waren für den Einzelnen gibt.

Wäre das nicht ein lohnendes Ziel?

4. Verursacherprinzip

Man könnte auch das Verursacherprinzip als einen Unterpunkt der Kooperation betrachten. Seine konsequente Umsetzung hätte große Folgen.

Wenn jeder die Kosten für seine Schädigung der Umwelt tragen müsste, würde solche Schäden vermieden werden. Wenn jeder Bauunternehmer auch in den Wohnsilos wohnen müsste, die er erbaut lässt, würde er sich zweimal überlegen, was er da erbauen lässt. Wenn jeder auch selber unter den Bedingungen wie denen in seiner eigenen Fabrik arbeiten müsste, würden sich die Unternehmen ihre Fabrik mit Sicherheit anders gestalten.

Dieses einfache Verursacherprinzip würde, wenn man es konsequent und auch im Detail anwendet, zu großen Veränderungen führen.

Wäre das nicht an jedem Arbeitsplatz, in jeder Wohnung und auch anderswo willkommen?

5. Geld

Das Geld ist mittlerweile zu dem dominanten Faktor im Handeln geworden. Nur gibt es bei dem Geld ein Problem: Jeder will möglichst viel Geld haben, um sich dann alles leisten zu können – zum Beispiel ein neues Paar Schuhe. Wir schauen also auf das Geld und nicht auf das eigentliche Ziel – also auf die Schuhe. Das führt zu einem allgemeinen Streit um das Geld.

Eine Folge von diesem Missstand ist es, dass es inzwischen weit mehr Geldgeschäfte als Warengeschäfte gibt – die großen Gewinne werden mit dem Geldhandel und nicht mit dem Warenhandel gemacht.

Um zu einem wirklich sachlichen Handeln zu gelangen, ist es notwendig, das Geld wieder zu einem Wertmaßstab zu machen und seine dominante Rolle im Wirtschaftssystem aufzulösen. Dann würde wieder der Blick von dem Geld fort auf das, was wir eigentlich wollen, gelenkt. Erst dann könnten wir wieder wirklich sachbezogen denken, reden, entscheiden und handeln und folglich auch unsere eigentlichen Ziele erreichen.

Wäre das nicht wirklich lohnend?

6. Demokratie

In der Demokratie kämpfen zwei oder mehrere Parteien um die Herrschaft –
so wie in der Freien Marktwirtschaft die Unternehmer um Marktanteile
kämpfen. Der Wettbewerb an sich ist ja nicht schlecht, da dadurch bessere
Ideen und Vorgehensweisen entstehen. Doch wenn der Kampf um die
Vorherrschaft zu dem prägenden Element wird, leiden die Arbeiter und die
hergestellten Produkte darunter, da sie nicht mehr im Mittelpunkt der
Aufmerksamkeit stehen und das Wohlergehen der Arbeiter und die Qualität
der Produkte nicht mehr das Maß aller Dinge sind. Wir machen uns durch das
Konkurrenzprinzip von „Subjekten mit eigenen Werten und Zielen" zu
„Objekten des Kampfes um den größten Marktanteil". Klingt das weise?

Es ist zudem nachgewiesen, dass Wettbewerb zu einer zunehmenden Mono-
polisierung führt – und dass Monopole lieber etwas weniger Waren zu einem
etwas höheren Preis verkaufen, da sie dann mehr verdienen. Monopole führen
also dazu, dass die Käufer weniger Waren erhalten und dass sie ärmer werden. Warum tun wir uns das mit unserem Wirtschaftssystem an?

Diese Konkurrenz-Prägung lässt sich nur durch Einsicht in die Zusammenhänge und die sich daraus zwangsläufig ergebende Kooperation beenden.

Sollten wir das nicht alle anstreben?

7. Markt

Schließlich leitet das Konkurrenzprinzip, also der „Markt" der Freien Mark-
wirtschaft die Waren vornehmlich zu denen, die genug Geld haben und nicht
zu denen, die die Waren am nötigsten brauchen. Das führt zu Überfluss
einerseits und zum Hungertod andererseits.

Das muss nicht so sein. Das ist nur solange so, wie der Fluss der Waren und
der Dienstleistungen ein Tauschgeschäft bleibt – so lange man also Geld
gegen Ware bzw. Hilfe eintauscht.

Wie wäre es mit einem System, bei dem jeder das in die Gemeinschaft gibt,
was er gut kann und was gebraucht wird – ohne dass er dafür einen bestimm-
ten Betrag (Preis) erhält? In einem solchen System würde man die Gemeinschaft tragen und würde von ihr getragen. Die Produkte und Dienstleistungen
würden dann nach dem Bedürfnisprinzip verteilt und nicht nach der Dicke des
Bankkontos.

Das wird bisher nur von Einzelnen so gehandhabt, aber wäre das nicht eine
lohnende Perspektive?

Die Kooperation ist sozusagen das „Herz" des neuen Wertesystems. Zum Erlernen und Üben der kreativen Kooperation gibt es jeden Tag reichlich Gelegenheit.

Daraus sollten schließlich kooperative Strukturen entwickelt werden. Diese Strukturen entstehen u.a. dadurch, dass stets alle Beteiligten in die ablaufenden Prozesse miteinbezogen werden. Von zentraler Bedeutung ist es auch, alles zu ändern, was zu einer Entfremdung führt: Bedürfnisorientierung statt Werbungsprägung, Sachbezogenheit statt Geldfixierung, Arbeit als sinnvoller Teil des Lebens und nicht als Fremdkörper im Leben u.ä.

Die größte Frage dabei ist, wie der Konkurrenzkampf durch die Kooperation gezügelt werden kann. Letztlich wird nur die Einsicht in die größere Effektivität der Kooperation wirksam sein können.

Die konkrete Umsetzung erfordert viele kleine Schritte und einig große Ideen, aber das neue Wertesystem und das Grundprinzip sind schon einmal klar: Wir werden zu Eltern der Erde – und zu guten Eltern unserer Kinder, für deren Zukunft wir sorgen.

> *Miteinander ist mehr möglich als gegeneinander.*

8. Verwandlung

♏

Ist Ihnen das Maß der Prägung der Erde durch den Menschen eigentlich bewusst? Haben sie schon einmal ein Foto gesehen, das die Nachtseite der Erde vom Weltall aus zeigt? Fast die ganze Landfläche ist von den hellen Punkten der erleuchteten Städte überzogen …

Das vermittelt zwar schon mal einen ersten Einblick, aber es ist notwendig, sich das Ausmaß dieser Prägung der Erde durch den Menschen einmal wirklich ganz bewusst zu machen:

In der **<u>Vor-Altsteinzeit</u>** haben sich neue Körperformen entwickelt: die Evolution von der Ursuppe über die Einzeller, Mehrzeller, Fische, Amphibien, Reptilien, Säugetiere und Primaten bis zu den Vorfahren der heutigen Menschen. Jedes Lebewesen lebte mit dem eigenen Körper in der Wildnis – mehr gab es nicht.

In der **<u>Altsteinzeit</u>** wurden einfache Werkzeuge aus Holz und Stein entwickelt und die Benutzung des Feuers entdeckt – es wurden also neue physikalische Formen hergestellt. Das ermöglichte den „bewaffneten" Kampf in der Wildnis.

In der **<u>Jungsteinzeit</u>** wurden verschiedene Werkzeuge hergestellt und Tiere und Pflanzen gehalten und gezüchtet – es wurden neue kulturelle Formen der bereits vorgefundenen Tiere und Pflanzen geformt. Durch den Ackerbau und die Viehzucht entstanden die landwirtschaftlichen Flächen mit den Dörfern in ihnen – sie waren Inseln der Kultur in dem Meer der Wildnis.

Im **<u>Königtum</u>** wurden vielfältigere und speziellere Werkzeuge erschaffen, Städte und Straßen gebaut, Pferdewagen und Schiffe hergestellt. Damals wurden Städte und neue zivilisatorische Form entwickelt und erschaffen. Es wurden große Landflächen erschlossen und die Menschen wurden zu den Beherrschern des ganzen Planeten Erde. Es gab jetzt keine nennenswerte Bedrohung durch Raubtiere mehr – wie dies zuvor stets der Fall gewesen war.

Im **<u>Materialismus</u>** entstanden die Forschung, die Technik und die Industrie – es wurden neue physikalische und chemische Formen erschaffen und der gesamte Planet wurde ausgenutzt.

In der heutigen **<u>Epoche der Globalisierung</u>** haben wir die Atombombe zur

Verfügung, mit der wir alles Leben auf der Erde auslöschen können, und wir haben die Gentechnik zur Verfügung, mit der wir ganz neue biologische Formen erschaffen können. Und das ist noch nicht alles – wir können das Klima erwärmen und so neue Wüsten schaffen und dabei ganz nebenbei auch noch eine große Zahl an Tier- und Pflanzenarten ausrotten … Wir können heute die Erde von Grund auf verändern – oder auch vollkommen zerstören.

Eine solche Macht erfordert ein anderes Verhalten als in der Altsteinzeit, als wir nur ein Lagerfeuer und ein paar Faustkeile zur Verfügung hatten. Atombomben in der Hand von Größenwahnsinnigen sind keine gute Idee … Wir müssen dringend erwachsen werden, wir müssen zu Eltern der Erde werden!

Die Verwandlung von der pubertierenden Menschheit zu der erwachsenen Menschheit beginnt mit der Einsicht in Zusammenhänge, Kreisläufe, Regelkreise, Grenzwerte, Fließgleichgewichte, die Koppelung zwischen manchen Grenzwerten, die Begrenztheit der Rohstoffe und der Landfläche … Es wird ein realistischer Blick auf den Status Quo auf der Erde gebraucht. Nur so kann es zu dem Entschluss kommen, dass neue Werte notwendig sind und dass etwas verändert werden muss – dass wir etwas verändern müssen … dass ich etwas verändern werde.

Und es gibt viel, woran etwas geändert werden muss – vom ganz Kleinen bis zum ganz Großen:

> Es sollten möglichst viele Dinge wiederverwendet werden. Hier gibt es schon gut Ansätze: Kisten mit der Aufschrift „zu verschenken" vor den Häusern, Nachbarschaftsgruppen, Flohmärkte, Ebay, Sozialkaufhäuser …

> Alle Geräte und Maschinen sollten so konstruiert werden, dass sie leicht repariert werden können.

> Es sollten in allen Geräten und Maschinen möglichst einheitliche Bauteile eingesetzt werden, damit diese Bauteile wiederverwendet werden können, wenn das Gerät oder die Maschine nicht mehr funktionsfähig ist („LEGO"-Prinzip) – dann muss das Gerät nicht mehr als Ganzes fortgeworfen werden.

> Recycling sollte allgemein üblich sein.

> Sharing sollte nicht nur bei Autos, sondern auch bei anderen Dingen eingeführt werden: Staubsauger, Waschmaschinen u.ä., da dadurch die Zahl der insgesamt benötigten Geräte reduziert werden kann.

> Es sollten nur noch langlebige Produkte hergestellt werden.

Energie sollte nur noch durch Solaranlagen, Windkraft und andere ökologisch sinnvolle Verfahren gewonnen werden.

Es sollte zunehmend auf regenerierbare Rohstoffe umgestiegen werden, bis schließlich nur noch regenerierbare oder vollständig recycelbare Rohstoffe verwendet werden.

Es sollten neue Technologien entwickelt werden, die weniger und möglichst gar keine Umweltschäden hervorrufen.

Es sollte ein Wirtschaftssystem erschaffen werden, in dem wieder auf die Sache selber statt auf das Geld geschaut wird. So könnte man z.B. die Versorgung mit Licht statt Lampen kaufen – das würde dazu führen, dass die Hersteller möglichst haltbare Leuchtkörper herstellen.

Es wird ein neues Geldsystem gebraucht, dass die Ausrichtung auf die Sache statt auf das Geld fördert.

Es wird ein Gesundheitssystem benötigt, dass durch die Einbeziehung von traditionellen und neuen alternativen Heilweisen letztlich kostengünstiger und effektiver wird.

Es wird mehr Kooperation zwischen den Staaten gebraucht, da nur so ein beständiger Frieden erreicht werden kann.

Diese Veränderungen erfordern viel Kreativität und Einsicht in „Die Grenzen des Wachstums", die ja schon seit Jahrzehnten durch den „Club of Rome" bekannt sind.

Aus diesen Einsichten und den daraus gezogenen Konsequenzen ergeben sich viele verschiedene Maßnahmen. Dazu zählen:

das Verbot schädlicher Produkte,

die Ökosteuern auf ökologisch schädliche Produkte und Verfahren,

das Erlassen von Grenzwerten (Verbot = statische Lösung),

das strikte Befolgen des Verursacherprinzips (Rückführung der Folgen zum Ursprung = dynamische Lösung),

das Berechnen des Ökosozialproduktes statt des Bruttosozialproduktes und die Ausrichtung des Handelns an ihm.

Es ist anzunehmen, dass es zwischen diesen Maßnahmen viele Rückkoppelungs- und Verstärkungseffekte geben wird.

Ein wichtiger Aspekt bei diesen ganzen Überlegungen ist der Umgang mit der Macht. Solange das Machtstreben und das Machtbesitzen die Vorgänge in der Menschheit prägen, hat die Kooperation keine Chance. Doch wie kann die Macht so kanalisiert werden, dass sie aufgrund ihrer Kurzsichtigkeit keine Schäden mehr anrichtet? Wie kann die Kooperation aufgrund ihrer Weitsicht so viel Einfluss erlangen, dass wir als Einzelne und als Menschheit Entscheidungen treffen und umsetzen, die kollektiv sinnvoll sind?

Es führt kein Weg an dem Erwachsenwerden vorbei …

Zu große Macht, die nur egoistische Ziele verfolgt, gibt es an vielen Orten: Diktaturen, Autokratien, Monopole, Kartelle, multinationale Konzerne …

Wir sollten die Macht zügeln: Wenn wir uns nicht kollektiv selber schaden wollen, dürfen wir Einzelnen keine zu große Macht und keinen zu großen Reichtum zugestehen. Eine zu große Ungleichheit führt sowohl in der Familie und als auch in der Menschheit zu großen Problemen.

Da multinationale Konzerne den Gesetzen einzelner Staaten ausweichen können, brauchen wir Lösungen auf einer allgemeinen Ebene, was letztlich bedeutet, dass die UNO einen größeren Einfluss bei der Festlegung von allgemein gültigen Regeln erhalten muss.

Dabei sollten jedoch nur die lebensnotwendigen Prinzipien durchgesetzt werden, aber nicht alles bis ins Detail reglementiert werden. Sonst hätten schließlich die recht, die die Notwendigkeit zu einem nachhaltigen Handeln als das Schreckgespenst einer „Öko-Diktatur" darstellen. Es muss also sehr genau geschaut werden, was auf welcher Ebene entschieden werden sollte: UNO – Staatenbünde – Staaten – Länder – Gemeinden – Städte – Familien – Einzelne …

Und es wird eine neue Regierungsform benötigt, in der nicht wie in der Demokratie letztlich das Gewähltwerdenwollen und das Wiedergewähltwerdenwollen der Maßstab für das Handeln sind, sondern die Kooperation und das kollektiv gesehen sinnvollste und effektivste Handeln. An dieser Stelle sind im Kleinen die Familie und die Kooperativen sowie im Großen die Staatenbünde wie die EU und die UNO die Ansätze, von denen man ausgehen kann.

Das all dem zugrundeliegende Bild ist das Kontinuum, aus dem sich das Verhalten von Eltern in einer Familie ergibt. Dies liegt schlicht daran, dass in einer globalisierten Welt alles letztlich zu seinem Verursacher zurückkehrt …

Das ist noch nicht alles an Veränderungen, was notwendig sein wird, um die neuen Werte zur Realität werden zu lassen, aber es ist ein Anfang.

Diese Verwandlungen können Stress machen, ja … aber was ist die Alternative?

Überbevölkerung, eine heiße und kaum noch bewohnbare Erde, das Ende von Energie und Rohstoffen … keine neuer Sauerstoff zum Atmen, weil wir alle Wälder abgeholzt und die Meere verseucht haben … Das wäre das Ende der Menschen auf der Erde – der Tod unserer Enkel und Urenkel …

Fangen wir an! Jetzt.

9. Weitsicht

♐

Was soll ich dazu noch sagen? Weitsicht ist das, was wir dringend brauchen, denn nur wenn wir sehen, wozu unser heutiges Verhalten in den nächsten 100, 200, 300 Jahren führen wird, werden wir so handeln können, das wir den Kollaps des Lebens auf der Erde vermeiden können.

Leider zeigen die sehr zögerlichen Maßnahmen der Abwendung der Klimaerwärmung sehr deutlich, dass sich die Menschen erst dann bewegen, wenn es anfängt, ernsthaft weh zu tun …

Es werden niemals alle weitsichtig und einsichtig sein, nein – das wird niemals so sein … Aber es ist zu hoffen, dass die Einsichtigen zu einer so großen Mehrheit werden, dass sie sehen, dass zu unserem Überleben andere Werte als noch vor 100 Jahren notwendig geworden sind – und dass diese Mehrheit auch zu einem konsequenten Handeln bereit ist.

Es fehlt nicht an Informationen, an Darstellungen, an den Einsichten bei den Forschern und den Wissenschaftlern, sondern an der Bereitschaft zur politischen Durchsetzung, da Grenzwerte und Veränderungen allgemein so gut wie nie sonderlich populär sind.

Immerhin kennen immer mehr Menschen die Erkenntnisse der Wissenschaftler und beginnen auch damit, ihr eigenes Verhalten zu verändern.

Es gibt viel, was verändert werden muss und das kann niemand alleine erkennen, bekannt machen und umsetzen – aber jeder kann an irgendeiner Stelle sich ein kleines bisschen anders verhalten und dadurch mithelfen, das Ganze zu verändern.

Das „nach mir die Sintflut" können wir uns heute nicht mehr leisten, da diese Sintflut viel zu groß werden würde und tatsächlich wie die biblische Sintflut alles Leben auslöschen könnte – allerdings eher durch die Hitze der Klimaerwärmung oder das Feuer der Atombomben. Und eine Arche Noah ist nicht in Sicht, denn es gibt keinen erreichbaren anderen Planeten, auf den wir fliehen und auf dem wir leben könnten. Die Erde selber ist unsere einzige Arche …

Leider werden manchmal trotz vorhandener Weitsicht unglaubliche Risiken eingegangen. So war es z.B. vor dem Zünden der ersten Atombombe nicht klar, ob eine derartige Hitze nicht die gesamte Atmosphäre der Erde in Brand setzten würde – was das schlagartige Ende jeglichen Lebens auf der Erde bedeutet hätte. Doch der Physiker Robert Oppenheimer und seine Kollegen sind das Risiko des möglichen kollektiven Selbstmordes durch die Zündung der Atombombe eingegangen – auch wenn Albert Einstein in einem Gespräch mit Oppenheimer ebenfalls dieses Risiko gesehen hat.

Wir sind noch sehr weit von einem verantwortungsvollen Verhalten entfernt …

Wo können Sie selber etwas ändern?

10. Erhaltung

Wir müssen dafür sorgen, dass wir weiterhin gut auf der Erde leben können. Wir müssen sie für unsere Nachkommen erhalten.

Wir müssen uns nicht nur um unser eigenes Überleben kümmern, sondern auch um das der Tiere und Pflanzen. Wir können uns als Menschen nicht als isoliert betrachten. Wir stehen in einem vielfältigen Austausch mit der Tier- und Pflanzenwelt auf der Erde.

Zur Zeit gibt es ca. 5-10 Millionen Arten auf der Erde. In den ganzen Jahrtausenden vor Christi Geburt haben die Menschen nur insgesamt etwa 200 Tier- und Pflanzenarten ausgerottet – heute sind es ca. 100 Arten pro Tag, d.h. 40.000 pro Jahr. Wir steuern derzeit auf eine „humanoide Monokultur" zu. Der Hauptgrund für diese Entwicklung ist die Zerstörung des Lebensraumes für diese Pflanzen und Tiere. Das hat mindestens vier Folgen:

> 1. Da jede Art als Jäger, Beute, Nahrung, Pollenüberträger, Pionierpflanze u.ä. mit anderen Tieren und Pflanzen verbunden ist, verändert jede aussterbende Art auch das ganze Ökosystem, was bisweilen unvorhergesehene und weitreichende Folgen hat.

> 2. Je artenärmer ein Ökosystem ist, desto anfälliger wird es für Krankheiten, Seuchen, Unwetter und Klimaveränderungen. Reine Monokulturen wie große Weizenfelder können nur durch intensiven Chemieeinsatz (Dünger, Biozide u.ä.) am Leben erhalten werden.

> 3. Mit jeder sterbenden Art geht auch eine mögliche Quelle für ein Medikament, ein Nahrungsmittel oder einen regenerierbaren Rohstoff verloren.

> 4. Ein Sprichwort der Dakota-Indianer lautet: „Ohne die Tiere würde der Mensch an der Einsamkeit seines Herzens sterben." Schon heute ist die Sehnsucht nach der Natur, nach einer lebenswerten Oase außeßrhalb der Zivilisation, eines der tiefsten Bedürfnisse der Menschen geworden. Eine Welt, in der nur noch ein paar vom Menschen gezüchtete Tier- und Pflanzenarten leben, wäre leer und arm wie eine Gefängniszelle.

Wir können die Familie, um die wir uns in dem Zeitalter der Globalisierung kümmern müssen, also nicht auf die Menschheit beschränken, sondern wir müssen auch die Pflanzen und Tiere miteinbeziehen – und letztlich auch den fruchtbaren Boden, die Flüsse, die Gletscher, die Meere, die Rohstoffvorräte …

Das Bild, das dabei früher oder später unweigerlich entsteht, ist die Erde als Lebewesen, in dem jeder Menschen eine einzelne Zelle ist und in dem die Menschheit eins von vielen Organen ist, die alle miteinander zusammenwirken – Gaia …

Wann haben Sie das letzte Mal einfach nur still an einem Bach gesessen?

11. Globalität

Es ist schoin einiges zu den neuen Werten bekannt:

- Die Globalisierung lässt sich nicht rückgängig machen;

- das Gleichnis der Globalisierung zu der Familie ist deutlich;

- das Bild des Kontinuums ist die zentrale Einsicht;

- das kollektive Überleben der Menschheit ist der prägende Wert;

- die weitsichtige Sachlichkeit ist die Grundlage;

- das dringend erforderliche Verhalten der Menschheit ist das eines Erwachsenen und nicht das eines Pubertierenden;

- die Kooperation ist das wichtigste Hilfsmittel …

Doch wie sieht das nun konkret aus? Was ist die Utopie, die dringend erreicht werden muss?

Leider ist diese Utopie bisher nur in ihren groben Umrissen deutlich geworden – eben Globalisierung, gegenseitige Abhängigkeit, die Menschheit als Familie, Verantwortung und Vertrauen, Kooperation … also die Menschen als Eltern der Erde …

Ein wenig lassen sich diese groben Umrisse und zentralen Werte jedoch noch weiter konkretisieren:

- Jeder sollte das arbeiten, wozu er am besten in der Lage ist.

- Jeder sollte das erhalten, was er braucht.

- Wenn an etwas Mangel besteht, sollte dies in etwa gleichmäßig verteilt werden.

- Der Unterschied zwischen Reich und Arm sollte nicht zu groß werden.

- Wahrscheinlich ist es auch notwendig, die Einkünfte nicht mehr an die Arbeit zu koppeln, sondern das Arbeiten und die Verteilung der produzierten Waren anders zu regeln – so wie auch in einer Familie die Waren nicht genau in der Entsprechung zu der geleisteten Arbeit verteilt werden, sondern nach dem Bedürfnis. Das heißt keineswegs, dass jemand einfach faul sein kann, sondern nur, dass jeder an seinem Ort das tut, was er kann und was erforderlich ist, und dafür seinen Teil an den Waren erhält.

- Es ist notwendig, die Geld-Fixierung zugunsten einer Sach-Zentrierung aufzulösen.

- Es wird generell das Streben nach Sachlichkeit und Weitsicht gebraucht.

- Es sollte nichts beschlossen und getan werden, das zu langfristigen Schäden führen könnte.

- Die Entscheidungen sollten stets von denen getroffen werden, die die Folgen tragen müssen – Fragen der Ökologie und des Friedens z.B. also von allen Menschen gemeinsam (UNO).

- Die Schaffung eines auf Kooperation statt Konkurrenz basierenden politischen Systems.

- Es wird ein Gleichgewicht zwischen der Freiheit des Einzelnen und der Einbindung in die Menschheit gebraucht.

- Es braucht ein Gleichgewicht zwischen der Erhaltung von Traditionen und den Neuerungen benötigt – das betrifft unter anderem auch die Migration.

- Es wird eine ganzheitliche Heilkunst gebraucht, die auch alternative Heilweisen, die Psyche und das soziale Umfeld miteinbezieht.

- Es werden „Glasperlenspiele" gebraucht, wie Hermann Hesse die Gesamtdarstellungen eines Themas genannt hat, die sich über mehrere Tage erstrecken können. Als Hilfsmittel können dabei solche universellen Strukturen wie der kabbalistische Lebensbaum, das chinesische Ba Gua, das indische Vastu Purusha, der Tierkreis (wie in dieser Buch-Reihe) und ähnliches mehr verwendet werden. Dadurch können Entwicklungen, Vernetzungen und der Aufbau von Systemen ausreichend deutlich werden und dann als Grundlage für langfristige Entscheidungen dienen.

An welcher Stelle können Sie aufgrund Ihrer Fähigkeiten

am meisten zum Besseren bewirken?

12. Spiritualität

♓

Eine wichtige Entwicklung wird auch die Frage betreffen, ob das Bewusstsein das Reale ist und der Körper nur ein Konstrukt im Bewusstsein ist – wie dies viele Religionen vertreten; oder ob der Körper das Reale ist und das Bewusstsein nur eine chemisch-elektrische Nebenfunktion des Leibes ist – wie es die Naturwissenschaften vertreten. Die wahrscheinlichste Antwort wird sein, dass es nur eine Realität gibt und dass diese von außen her betrachtet Materie und von innen her betrachtet Bewusstsein ist – und dass beides daher gleichwertig ist: zwei Seiten derselben Realität.

Aus dieser Ansicht ergibt sich zwangsläufig, dass Telepathie, Telekinese, Magie, Spiritualität u.ä. kein prinzipieller Widerspruch mehr zu den Naturwissenschaften sein müssen.

Das Erfassen der präzisen und vielfältigen Analogien zwischen Religion/Magie und Wissenschaft/Technik helfen der Religion, den Realitätsbezug nicht zu verlieren, und sie helfen der Wissenschaft, ihre Abstraktheit abzulegen und lebendige Bedeutung zu erlangen. Diese Analogien sind in dieser Reihe in dem Buch „Die Zwölf Aspekt eines einheitlichen spirituell-physikalischen Weltbildes" dargelegt worden.

Eine „experimentelle Magie" kann zu einer besseren und solideren Kenntnis der magisch-spirituellen Möglichkeiten führen.

Dabei sollte auch stets zwischen „Methode" und „Stil" unterschieden werden, da man auf diese Weise leichter das Wesentliche aus den spirituellen, religiösen und magischen Tradition extrahieren kann. Egal welchen Priester, Magier oder Schamanen aus welchem Land auch immer man zum Beispiel danach fragt, wie er einen Segen durchführt, wird man immer dieselbe Antwort erhalten: Innerlich still werden, sich mit einer Gottheit verbinden, die von ihr gesandte Lebenskraft annehmen und sie dann als Segen zu dem Menschen oder zu dem Gegenstand weiterfließen lassen. Lediglich der Name der Gottheit ist überall anders …

Es liegt nahe, eine Synthese aus den „Menschenkennern/Seelenführern" der vier bisherigen Epochen und der derzeitigen Epoche der Globalisierung zu einem neuen, umfassenden Typ von „Helfer" zu erschaffen. Dieser Prozess hat bereits begonnen und ist schon in vollem Gange Diese vier früheren „Helfer" sind der Schamane der Altsteinzeit, der Priester der Jungsteinzeit, der Mystiker des Königtums/Monotheismus und der Psychologe der Materialismus sowie der Ökologe der Epoche der Globalisierung.

Bei der allmählichen Entwicklung der Synthese aus diesen fünf „Helfern" zu einem umfassenden „Helfer" ist die kontextuelle Religionsinterpretation sehr nützlich: Eine religiöse Tradition oder Schrift sollte stets vor dem Hintergrund der Vorstellungen und der wirtschaftlichen und politischen Situation der Menschen, die diese Schrift verfasst haben, gesehen werden. So war z.B. vor 2000 Jahren die Bezeichnung „Sohn eines Gottes" lediglich eine allgemein gängige Umschreibung dafür, dass der Betreffende eine enge Verbindung zu der betreffenden Gottheit hatte.

Noch wichtiger ist das eigene religiöse und magische Erleben, das letztlich die einzige solide Grundlage für die eigenen religiös-magischen Anschauungen bilden kann.

Durch das eigene religiös-magische Erleben wird es zwangsläufig zu einem „Gespräch der Religionen" kommen, denn streiten kann man sich nur über Dogmen, während der Austausch eigener Erfahrungen immer fruchtbar und hilfreich ist und dazu führt, dass man lernt, zwischen den eigentlichen Erlebnissen und der Form, in der sie beschrieben werden, unterscheiden zu können.

Diese Art von durch Experimente erforschter, erlebter und erkannter Spiritualität und Magie ist eine zuverlässige Angelegenheit, die man auch im Alltag z. B. zum Wiederfinden des verlorenen Haustürschlüssels oder zum Herbeiwünschen von Dingen verwenden kann.

Letztlich ergibt sich aus dem Erleben von Telepathie und Magie die Erkenntnis, dass das Bewusstsein von uns allen miteinander verbunden ist – und auch mit den Tieren und Pflanzen und der Erde. Daraus ergibt sich wiederum die Erkenntnis, dass das von C.G. Jung beschriebene kollektive Unterbewusstsein kein abstraktes Konzept, sondern eine auch im Alltag wirkende Realität ist.

Dieses kollektive Unterbewusstsein ist das bewusst wahrgenommene Kontinuum im Bereich des Bewusstseins – so wie die Globalisierung das Kontinuum im materiellen Bereich der Menschheit ist. Innen und Außen entsprechen sich – das Bewusstsein ist die Innenseite und die Materie ist die Außenseite derselben Realität.

Es gibt kein Patentrezept zur Weiterentwicklung des pubertären Materialismus zu dem erwachsenen Verhalten in der Epoche der Globalisierung – dazu ist die allgemeine Situation viel zu vielschichtig, die Situation jedes Einzelnen zu verschieden, ebenso der persönliche Stil und die persönlichen Fähigkeiten, Schwächen und Neigungen. Zudem sind auch die Meinungen darüber, was sinnvoll zu tun sei, keineswegs einheitlich. Immerhin gibt es aber das Überlebenwollen als sicheren gemeinsamen Nenner, auf den sich die verschiedenen Ansätze beziehen müssen.

Alle diese Ansätze – wie auch dieses Buch – sind zunächst sehr subjektiv und müssen korrigiert und überarbeitet, mit anderen Meinungen verglichen und verbunden werden und vor allem in der konkreten Verwirklichung an der Realität überprüft werden.

Solche Darstellungen sind immer nur ein in Sprache gefasster Wille, der noch im Alltag „geerdet" werden muss.

<u>**Vorschlag für die Präambel**</u>

<u>**der**</u>

<u>**Beschreibung eines sinnvollen Verhaltens**</u>

Die Erde ist die Heimat, der Wohnort und die Nahrungsspenderin der Menschen; die Menschen, die Tiere und die Pflanzen sind durch Selbstorganisation aus der Substanz der Erde und der Energie des Sonnenlichtes entstanden. Insofern sind wir Geschöpfe, Kinder der Erde, und wir sind mit den Tieren, den Pflanzen und mit dem Land und dem Meer selber verwandt.

Das subjektive Erleben dieses Prozesses der Selbstorganisation ist der Lebenswille in allen Menschen, Tieren und Pflanzen. Insofern sind wir alle selbständige Wesen und Individuen; und insofern sind alle Wesen und Dinge auf dieser Erde unsere Verwandten.

Die Entwicklung von uns Menschen hat uns zu so viel Macht geführt, dass wir die Erde weitgehend durch unseren Willen und unsere Handlungen prägen und sie und uns selber durch Atombomben, Überbevölkerung, Klimaerwärmung u.ä. vernichten könnten. Insofern müssen wir zu Eltern der Erde werden.

Das bedeutet, dass die Erde sich selber gehört und wir ein Teil dieser Erde sind und auf gleicher Stufe stehen mit dem, was uns umgibt: mit Menschen, Tieren, Pflanzen, Bergen und dem Meer. Das bedeutet auch, dass wir in Vertrauen von der Erde getragen werden und dass wir die Verantwortung für sie tragen müssen.

Wir müssen die Grenzen des Möglichen auf dieser Erde akzeptieren, die Zahl der auf ihr lebenden Menschen auf ein sinnvolles Maß begrenzen, nur solche Techniken benutzen, die die Erde und ihre Rohstoffe nicht zerstören, die Artenvielfalt von Tieren und Pflanzen erhalten, den vorhandenen Wohlstand gerecht verteilen und zu einer auf gegenseitiger Achtung beruhenden Kooperation gelangen.

Dieses Ziel muss in der Politik, in der Wirtschaft und in der Technik erreicht werden, und es muss ebenso in der individuellen Reife, in der Beziehungsfähigkeit und in dem Ausschöpfen der religiösen und magischen Erlebens- und Handlungsmöglichkeiten erreicht werden.

Das Ziel ist das Erkennen, das Verwirklichen und das Leben des Kontinuums, innerhalb dessen die Individualität sowohl in Bezug auf seine materielle Substanz als auch in Bezug auf sein Bewusstsein keine abgegrenzte Form, sondern eine Qualität, ein dynamisches, sich im Wechselspiel mit seiner Umgebung entfaltendes Muster ist.

Was ist nun Ihr nächster konkreter Schritt?

Bücher von Harry Eilenstein

Magie für Anfänger
- Telepathie für Anfänger (60 S.)
- Telepathie für Fortgeschrittene (52 S.)
- Telekinese für Anfänger (52 S.)
- Analogien für Anfänger (56 S.)
- Omen und Orakel für Anfänger (52 S.)
- Lebenskraft für Anfänger (60 S.)
- Meditation für Anfänger (56 S.)
- Kundalini für Anfänger (100 S.)
- Hypnose für Anfänger (56 S.)
- Kampfmagie für Anfänger (172 S.)
- Auto-Movement für Anfänger (56 S.)
- Chakra-Magie für Anfänger (148 S.)
- Astralreisen für Anfänger (56 S.)
- Astrologie für Anfänger (120 S.)
- Astrologische Quadrate für Fortgeschrittene (72 S.)
- Partnerhoroskope für Anfänger (100 S.)
- Silberschnüre für Anfänger (52 S.)
- Zaubersprüche für Anfänger (60 S.)
- Ritual-Magie für Anfänger (56 S.)
- Mandalas für Anfänger (68 S.)
- Geldzauber für Anfänger (56 S.)
- Liebeszauber für Anfänger (52 S.)
- Invokationen für Anfänger (52 S.)
- Evokationen für Anfänger (60 S.)
- Geister für Anfänger (52 S.)
- Elfen für Anfänger (56 S.)
- Magie-Forschung für Anfänger (140 S.)
- Magie-Romantik für Anfänger (60 S.)
- Selbsterkenntnis für Anfänger (52 S.)
- Einweihungen für Anfänger (60 S.)
- Drogen-Kabbala für Anfänger (216 S.)
- Zahlensymbolik für Anfänger (60 S.)
- Die Sprache des Mondes – für Anfänger (116 S.)
- Zaubergesänge für Anfänger (100 S.)
- Zukunftschau für Anfänger (60 S.)
- Schamanismus für Anfänger (52 S.)
- Schwitzhütten für Anfänger (52 S.)
- Magische Gegenstände für Anfänger (68 S.)
- Übertragungen für Anfänger (68 S.)
- Zaubertränke für Anfänger (64 S.)
- Magie-Gesten für Anfänger (252 S.)
- Da'ath-Magie für Anfänger (64 S.)
- Magie-Heilungen für Anfänger (68 S.)
- Kornkreise für Anfänger (348 S.)
- Feng Shui für Anfänger (96 S.)
- Tao für Anfänger (112 S.)
- Magie für Anfänger – Sammelband   I (696 S.)
- Magie für Anfänger – Sammelband   II (664 S.)
- Magie für Anfänger – Sammelband   III (580 S.)
- Magie für Anfänger – Sammelband   IV (700 S.)
- Magie für Anfänger – Sammelband   V (676 S.)
- Magie für Anfänger – Sammelband   VI (640 S.)

Magie
- Handbuch für Zauberlehrlinge (408 S.)
- Wie man das Pentagramm-Ritual zum Leben erweckt (308 S.)
- Tarot (104 S.)
- Physik und Magie (184 S.)
- Die Synthese von Physik und Magie (200S.)
- Die Magie-Formel (156 S.)
- Schwarze Löcher in der Magie (56 S.)
- Krafttiere – Tiergöttinnen – Tiertänze (112 S.)
- Schwitzhütten (524 S.)
- Mythen und Magie der Harfe (116 S.)
- Drei Adeptus Major Rituale (192 S.)
- Drei Adeptus Exemptus Rituale (120 S.)
- Zwei Infans Abyssi Rituale (128 S.)

Traumreisen
- Traumreisen zu Heilpflanzen (700 S.)
- Traumreisen zum kabbalistischen Lebensbaum (132 S.)

Meditation
- Der Lebenskraftkörper (230 S.)
- Die Chakren (100 S.)
- Das Chakren-System mit den Nebenchakren (296 S.)
- Organe und Chakren (64 S.)
- Die platonischen Körper in den Chakren (156 S.)
- Meditation (140 S.)
- Drachenfeuer (124 S.)
- Kundalini I (676 S.)
- Kundalini II (672 S.)
- Reinkarnation (156 S.)
- einsgerichtet (140 S.)

Astrologie
- Astrologie (496 S.)
- Photo-Astrologie (428 S.)
- Die astrologischen Aspekte (88 S.)
- Horoskop und Seele (120 S.)

Kabbala
- Kursus der praktischen Kabbala (150 S.)
- Eltern der Erde (450 S.)
- Blüten des Lebensbaumes:
    1. Die Struktur des kabbalistischen Lebensbaumes (370 S.)
    2. Der kabbalistische Lebensbaum als Forschungshilfsmittel (580 S.)
    3. Der kabbalistische Lebensbaum als spirituelle Landkarte (520 S.)
- Logik und Wirkung der Analogie (700 S.)

Eilenstein, Frater V.D., Knecht, Büdenbender
- Magie heute – Berichte aus der Praxis (288 S.)

Büdenbender, Eilenstein
- Chaos, Alk und Magic (436 S.)

die „Anfänger"-Reihe
- The Synthesis of Physics and Magic (192 p.)
- Telepathy for Beginners (60 p.)
- Telepathy for Advanced Learners (52 p.)
- Telekinesis for Beginners (56 p.)
- Life Force for Beginners (76 p.)
- Kundalini for Beginners (104 p.)
- Astral Projection for Beginners (60 p.)
- Meditation for Beginners (60 p.)
- Prophecy for Beginners (60 p.)
- Ritual Magic for Beginners (64 p.)
- Magic Chant for Beginners (108 p.)
- Invocations for Beginners (52 p.)
- Evocations for Beginners (62 p.)
- Auto-Movement for Beginners (60 p.)
- Elves for Beginners (56 p.)
- Hypnosis for Beginners (56 p.)
- Love Magic for Beginners (52 p.)
- Money Magic for Beginners (60 p.)
- Magic Objects for Beginners (64 p.)
- Shamanism for Beginners (52 p.)
- Chakra-Magic for Beginners (148 p.)
- Language of the Moon – for Beginners (128 p.)
- Self Knowledge for Beginners (60 p.)
- Da'ath-Magic for Beginners (64 p.)
- Astrology for Beginners (112 p.)
- Number Symbolism for Beginners (64 p.)
- Mandalas for Beginners (76 p.)
- Crop Circles for Beginners (344 p.)
- Feng Shui for Beginners (96 p.)
- Magic Research for Beginners (140 p.)
- Magic for Beginners – Anthology I (636 p.)
- Magic for Beginners – Anthology II (616 p.)
- Magic for Beginners – Anthology III (684 p.)
- Magic for Beginners – Anthology IV (580 p.)

Eilenstein, Frater V.D., Knecht, Büdenbender
- Living Magic (261 S.) (= „Magie heute")

sonstige englische Ausgaben
- The Biography of the Devil (140 S.)
- The Synthesis of Physics and Magic (192 S.)
- The Chakra-System with the Minor Chakras (304 S.)